Jonathan Byron's

DIE WELT IN 60 MINUTEN

GORDON LUECKEL

FEINSCHMECKER

in 60 Minuten

THIELE VERLAG

Inhalt

Für meine Liebsten:
Gisela, Julia, Anna und Max

Genieße das Leben!
In schnellem Laufe flieht es dahin.

LUCIUS ANNAEUS SENECA

Aber kein Genuss
ist vorübergehend:
denn der Eindruck,
den er zurücklässt,
ist bleibend.

JOHANN WOLFGANG VON GOETHE

Einführung: Manchmal muss es eben Kaviar sein

Willkommen in der Welt des guten Geschmacks und der sinnlichen Genüsse! Lassen Sie uns gemeinsam rund eine Stunde damit verbringen, das Wichtigste, die Essenz über gute Küche und brillante Restaurants zu erfahren. Sie werden in 60 Minuten viel mehr über das »Feinschmecken« in Erfahrung bringen, als Sie es sich vorstellen können. Ihnen wird das Wasser im Munde zusammenlaufen. Und ich bin sicher, dass bald – nach der Lektüre – Ihr nächster Besuch in einem erlesenen Restaurant bevorstehen wird. Ja, manchmal muss es eben doch Kaviar sein. Oder ein Rehrücken, leckere Spaghettini mit feinen Albatrüffeln, ein Hummersüppchen mit einem Schuss Champagner. Essen ist doch viel mehr als Nahrungsaufnahme und Versorgung mit Vitaminen und Mineralstoffen. Essen sollte immer etwas Besonderes und oft ein Fest sein!

Feinschmecken heißt nicht unbedingt, dass man ein Vermögen ausgibt, sondern vor allem, dass man Qualität und Sorgfalt erwartet. So kann eine Gulaschsuppe sehr »fein« schmecken und wunderbar angerichtet sein. Ein Filet dagegen kann lustlos gebraten und für viel Geld – aber ohne richtigen Geschmack – auf den Teller geworfen werden. Es geht beim Feinschmecken darum, dass Sie sich, Ihre Zunge und Ihren Gaumen sensibilisieren.

Haute Cuisine, die große Küche, will Sie verwöhnen. Sie soll Sie vollends begeistern. Wie eine große Oper, ein wunderbares Gemälde oder eine Skulptur. Es geht beim Feinschmecken nicht so sehr um die Ernährung, sondern um Verführung. Lassen Sie sich also von den großen Chefs und Sommeliers dieser Welt verführen, jedoch nicht an der Nase herumführen! Auch das werden Sie nämlich hier schnell lernen: zu unterscheiden und zu beurteilen. Feinschmeckerei lebt nämlich von dem Bemerken und Beurteilen unendlich vieler geschmacklicher Nuancen. Dazu braucht man viel Erfahrung und ein wenig Wissen. Die Kunst des Genießens ist eine Kunstfertigkeit wie viele andere auch. Im Grunde kann Sie jeder erlernen, wenn er für diesen Teil der Kultur offen ist. Aber das sind Sie ja ganz sicher, da sie dieses Büchlein in Händen halten!

Eine Einschränkung muss ich allerdings machen: Die wunderbare Erfahrung des Schmekkens und Kostens kann Ihnen niemand abnehmen! Nutzen Sie also jede Gelegenheit, um Ihren Geschmack und Ihren Geruchssinn zu trainieren. Übung macht den Feinschmecker! Klar, es gibt so etwas Schwellenangst vor den Gourmettempeln. Oder das eine oder andere Gericht klingt so fremd, dass man es nicht anrühren möchte. Werfen Sie all das jetzt über Bord! Lesen und genießen Sie sich durch die nächsten Seiten und denken Sie an dieses Büchlein beim nächsten Restaurantbesuch. Sie werden vieles neu entdekken und sicher ganz anders genießen als zuvor! Auf geht's! Die Reise beginnt!

Vor dem ersten Bissen

◆ Gourmets reservieren ihren Tisch! Falls Sie ahnungslos in einen Gourmettempel hineinstolpern und nach einem freien Tisch fragen, haben Sie beim Maître »verloren«: Er weiß, dass ein kulinarisches Greenhorn vor ihm steht!

◆ Betreten Sie das Restaurant langsam und in Ruhe, aber nicht zu ehrfürchtig! Lächeln Sie wissend und erfahren!

◆ Nehmen Sie nicht den ersten angebotenen Tisch, wenn er Ihnen nicht gefällt! Ziehen Sie das Angebot in Erwägung, scheuen Sie sich aber nicht, um den besten Tisch zu bitten! Die Herren nehmen ihrer Begleiterin den Mantel ab und reichen diesen dem Ober. Laufen Sie nicht wie entfesselt hin und her! Nutzen Sie den angebotenen Service des Hauses: Lassen Sie sich die Weinliste ruhig zweimal kommen, wenn Sie noch etwas nachschauen möchten, oder bitten Sie – falls notwendig – um etwas Brot.

◆ Bevor Sie das Menu studieren: Bestellen Sie einen Champagner und fragen Sie nach einem offenen Rosé-Champagner! Lassen Sie sich die Marke verraten und lächeln Sie erfreut, wenn Sie den Namen hören! Es spielt keine Rolle, ob Sie die Marke kennen oder nicht.

◆ In der Spitzengastronomie werden in der Regel Menus angeboten. *À la Carte* kann Sie finanziell um Kopf und Kragen bringen. Also: Wählen Sie ein Menu, aber fragen Sie sich nicht durch sämtliche Begriffe, auch wenn Sie diese nicht alle verstehen. Oft ist das Restaurant-Französisch oder -Italienisch eher schmückendes Beiwerk, eine spezielle Kunst, welche die Gerichte zusätzlich aufwerten soll. Wählen Sie also ganz souverän ein Menu, und wenn Sie die Vermutung haben, dass etwas enthalten sein sollte, das Sie nicht mögen – sagen Sie einfach: »Ich verzichte immer auf Innereien oder Muscheln!

Ich denke, dem Chef wird eine gute Alternative einfallen!«

◆ Menu mischen gilt nicht! Sie mögen den ersten Gang vom Degustations-Menu und zweiten Gang vom Sommer-Menu? Eine eigene Zusammenstellung aus verschiedenen Menus wird höchst ungern gesehen und manchmal gar nicht akzeptiert. Große Küche ist Kunst. Und die Farben für das Bild schreiben wir dem Maler auch nicht vor!

◆ Fragen Sie auf jeden Fall nach »der Spezialität des Hauses«! Was sollte man hier auf keinen Fall verpassen? Oder: Was würde der Maître wählen? So kommen Sie ins Gespräch und die Situation entspannt sich, Ihr Gegenüber fühlt sich als Berater ernst genommen und wird Ihnen sicher gerne weiterhelfen.

◆ Haben Sie bereits ein oder zwei hochwertige Lieblingsweine? Dann merken Sie sich den Namen genau und fragen Sie gezielt nach diesen

Weinen! »Haben Sie einen schönen *Saint Emilion* oder *Saint Julien* (Bordeaux) im Hause? Welchen Chablis empfehlen Sie zur Vorspeise? Oder sollen wir doch lieber ein heimisches Gewächs wählen? Ich mag die Gewächse vom Weingut Heger besonders gern!«

- Der Wein wird serviert. Wenn Ihnen die Flasche präsentiert wird, prüfen Sie mit der Hand die Kühle. Nicken Sie freundlich, wenn der Wein wirklich kalt und nicht zimmerwarm ist (was er in 99 Prozent der Fälle auch nicht sein wird)!

- Bestellen Sie ein Wasser zur Mahlzeit und erkundigen Sie sich nach dem Angebot! »Haben Sie auch ein Pellegrino oder Hildon im Sortiment?«

- Fragen Sie niemals nach der Frische eines Produktes! Das ist ohnehin eine Selbstverständlichkeit.

- Würzen Sie niemals blind nach! Ein Würzen vor dem Abschmecken oder gar eine Frage nach

Mayonnaise oder Ketchup degradiert Sie in diesem Restaurant zum absoluten Kretin! Und zwar für immer!

◆ Kennen Sie ein anderes Top-Etablissement? Dann lassen Sie ggfls. den Namen im Gespräch fallen: »Vor gar nicht allzu langer Zeit hatten wir in der Residenz Winkler in Aschau das Vergnügen. Wir fühlten uns gleich daran erinnert, als wir Ihre *Amuse geule* (Vor-Vorspeise) probieren konnten.« Achtung, nicht bluffen: Sie werden durch eine präzise Nachfrage schnell enttarnt!

◆ Beklagen Sie niemals die Preisgestaltung, während Sie im Restaurant sind! Sie glauben nicht, wie gut ein Maître oder Sommelier hört. Bedenken Sie: Sie sind an einem Pilgerort des Wohlgeschmacks angekommen, da dürfen ein paar Euro mehr oder weniger nicht über Ihre Laune entscheiden! (Und setzen Sie die Menge des Gegessenen nicht in ein kalkulatorisches Verhältnis zum Preis. Sie sind nicht in einem Fernfahrerrestaurant!) Zahlen Sie auch völlig gelassen und zwar mit einem sehr ordentlichen Trinkgeld von etwa 10 Prozent; es sei denn der Service war unterirdisch schlecht (was selten ist)!

- Loben Sie die eine oder andere Finesse des Menus, aber reden Sie nicht unentwegt hoch begeistert über jedes Detail, was Sie vor sich stehen haben! Das zeigt kindliche Unerfahrenheit oder einfach nur absoluten Dilettantismus. Bedenken Sie: Für viele Menschen sind hoch ausgezeichnete Restaurants »grauer Alltag«!

- Und: Kritik an den kulinarischen Kompositionen sollte man sich für daheim aufsparen. Sie erleben ein Kunstwerk. Das kann, aber muss nicht jedem gefallen. Ein »Anstandsapplaus« in Form eines freundlichen »Dankeschön« ist angebrachter. Das Lästern spart man sich für später. Es sei denn, dass Sie sich Ihrer Kritik wirklich sicher sind: Bestellen Sie also nicht etwa ein Wildgericht, zum Beispiel Wildschwein, um sich dann über den speziellen, eher erdigen Geschmack negativ auszulassen. Kritik in der Spitzengastronomie muss sitzen und begründet sein. Dann wird sie anstandslos entgegengenommen und man bessert in der Regel unmittelbar nach.

Gordons Tipps

- Früher da sein, als die anderen! Warum erst um 20.00 Uhr kommen? Genießen Sie doch die Aufmerksamkeit und Gelassenheit des Restaurant-Teams schon etwas früher, wenn das Lokal noch nicht bis auf den letzten Platz gefüllt ist! Wie wäre es mit 19.00 oder 19.15 Uhr?!

- Sie haben einen Platz im Restaurant reserviert, aber keine Lust zu erscheinen? Dann wäre es natürlich fair, wenn Sie dort eben telefonisch absagen. Einen Schadenersatz kann das Restaurant aber nicht fordern, wenn »Ihr« Tisch frei bleibt. Lassen Sie sich also nicht beirren!

- »Wünschen Sie einen Aperitif?« fragen manche Kellner, kaum dass man sich gesetzt hat. Der Profi lässt sich dadurch nicht aus der Ruhe bringen. Erbitten Sie noch einen kleinen Moment und wählen Sie dann bedachtsam aus der schönen Anzahl von Möglichkeiten aus. Es muss ja nicht immer »einfach« nur Champagner sein …

Das Styling

Abendkleid oder Smoking? Natürlich nicht! Damit sind Sie ganz klar *overdressed!* Oder in unserer Sprache: Das wäre »zu viel des Guten«! Sicher würde man in einem solchen Aufzug nicht aus dem Restaurant geschickt, doch würde man sich selbst als jemand offenbaren, der sich »eigentlich« nicht im Fünf-Sterne-Umfeld bewegt. Der echte Gourmet versteht das Essen im Spitzenrestaurant eher als eine – sicher sehr geschätzte – Routine und nicht als Staatsempfang. Und darum geht es: Routine beweisen durch eine elegante Note bei der Kleidung. Der wahre Profi passt sein Styling an das erwartete Setting ein: Führt der Weg am Abend in ein Restaurant im ländlichen Design, dann ist salopperer Look als im Zeitgeist-Palast mit Granit und Glas gefragt. Grundsätzlich kann festgehalten werden: Jeans, T-Shirt und Jogging-Schuhe fallen aus. Anzug,

Kombination mit Hemd und Krawatte und vernünftig polierte Schuhe stehen für Professionalität ohne Übertreibung.

Für die Damen ist das Spektrum sicher weiter gefasst: Übertreibung gleich in welche stilistische Richtung gilt es auch hier zu unterbinden. »Zu kurz« ist wahrscheinlich kein guter Tipp, weil man sich nicht in einen Nachtclub bewegt, »zu sportlich« aber auch nicht. Mit gepflegtem Kostüm oder Hosenanzug ist man auf der sicheren Seite.

Und wenn es einen – zum Beispiel auf einer Reise – nun doch einmal *underdressed* in den Tempel der kulinarischen Genüsse zieht? Man kann es wagen, wenn man genügend Selbstbewusstsein hat. Und: Man sollte ein paar erklärende Worte an den Maître richten, um als »wahrer Gourmet« erkannt zu werden!

Timing: Es kommt nicht auf die Sekunde an, aber ...

Ein Restauranttermin ist nicht so wichtig wie ein Date oder ein Bewerbungsgespräch. Eine größere Verspätung (mehr als zwanzig oder dreißig Minuten) sollten Sie jedoch telefonisch kurz mitteilen. Denn sonst könnte Ihr Gourmetabend »ins Wasser fallen«. Mehr als eine halbe Stunde wird Ihr Tisch nämlich nicht freigehalten.

Das Entreé

In einem Top-Restaurant werden Sie immer persönlich empfangen, Ihre Garderobe wird Ihnen gleich nach dem Eintreten abgenommen und Sie werden zum Aperitif oder gleich an Ihren Tisch begleitet. Alleine im Mantel und mit fragendem Blick (Wo könnte ich wohl sitzen?) durch das Lokal zu streifen, wäre ein *Faux-Pas* und passt nicht zum »Feinschmecker«-Dasein, sondern eher in ein Landgasthaus.

Setzen ist gar nicht so einfach

Vieles hat sich zwar in den vergangenen Jahren gelockert, aber es wird immer noch gerne gesehen, wenn man

- der Dame die Sitzplatzwahl überlässt
- der Gast mit Blick ins Restaurant platziert wird und nicht zur Wand schauen muss

- Herren und Damen »gemischt« platziert werden (nicht gerade eine moderne Sitte, aber wie die Erfahrung zeigt, recht förderlich für das Gespräch!)
- Ehepartner / Partner möglichst nicht unmittelbar nebeneinander sitzen
- der Herr einer Dame den Sessel unaufgefordert zurecht rückt
- die Damen vor den Herren Platz nehmen

Der Aperitif

Einen Aperitif zu nehmen ist keine Pflichtübung, sondern ein Teil der Lebenskunst, die einen Gourmet auszeichnet. Aperitif stammt vom lateinschen *aperire* (öffnen) und bedeutet mehr, als nur mit dem Diner zu starten. Der Aperitif gibt die Möglichkeit »zu landen«, die Umgebung in Ruhe wahrzunehmen, zu beobachten und sich an den – jedenfalls meistens – mitservierten Kleinigkeiten aus der Küche zu erfreuen. Das können Ziegenkäsetörtchen, angerichtete Garnelen oder ein wenig Blätterteiggebäck sein.

Aber: Welchen Aperitif wähle ich? In der Spitzengastronomie ist die Auswahl umwerfend, und manche Restaurants wie zum Beispiel das *Restaurant Dieter Müller* im Bergischen Land halten eigene Aperitifkarten vor. Also: Wagen Sie es, etwas völlig anderes zu trinken als gewohnt! Keinen Campari mit Soda oder einen Martini! Fragen Sie den Maître oder Sommelier. »Welchen Aperitif würden Sie auf jeden Fall in diesem Hause einmal ausprobieren?« Sie werden sicher positiv überrascht werden.

Aperitifs, die Sie kennen und probieren sollten

Grundsätzlich empfiehlt es sich, vor dem Menu nichts allzu Hochprozentiges zu sich zu nehmen. Das beeinträchtigt die Geschmacksknospen und damit das Geschmackserlebnis ganz erheblich. Der richtige Aperitif sollte daher auch eher trocken und nicht süß sein und unter zwanzig Prozent Alkohol enthalten.

◆ *Klassiker: Champagner*

Der Champagner wird in erstklassigen Häusern auch glasweise angeboten. Seine erfrischende Wirkung ist nicht zu verachten. Richten Sie Ihr Augenmerk immer darauf, dass der »offene« Champagner noch perlt und nicht schon stundenlang geöffnet auf Sie wartet. Champagner muss kalt getrunken werden. Der gerne getrunkene Prosecco oder Cava kann auch recht ordentlich schmecken, ist aber nie ein echter Ersatz für einen guten Champagner. Dieser Satz wird oft als dogmatisch eingestuft: Am besten ist es wohl, wenn Sie ihre eigenen Geschmackserfahrungen machen! Setzen Sie dann aber nicht auf einen allzu preiswerten Champagner, sondern gönnen Sie sich eine ordentliche Qualität. Dabei sind nicht unbedingt nur die bekannten Namen von großer Güte. Viele Restaurants empfehlen den Schaumwein kleiner Güter aus der Champagne, die durchaus überzeugen.

Fragen Sie den Sommelier zum Aperitif nach einem eher trockenen fruchtigen Champagner, zum Menu später könnten Sie zu einem körperreicheren Jahrgangs-Champagner wechseln. Vorsicht ist in der Spitzengastronomie natürlich immer geboten: Es gibt offene Champagner von

Spitzenmarken wie Dom Perignon, die per Glas auch einmal mit dreißig oder vierzig Euro berechnet werden. Es ist keine Schande, wenn Sie sich vorher also freundlich nach dem Preis des angebotenen Tropfens erkundigen und eine andere Wahl treffen!

- *Kir und Kir Royal*

Noch immer beliebt sind diese beiden Mixgetränke aus dem Burgund. Beim Kir wird ein Weißwein und bei einem Kir Royal ein Glas Champagner mit einem Schuss Johannisbeerlikör angeboten. Wichtig dabei: Nicht zu viel Likör (Cassis) einmischen lassen. Dann versinkt der Champagner- oder Weingenuss in einem »Zuviel« an Süße.

In manchen Häusern werden Weine und Champagner mit anderen – meist frisch zubereiteten Zutaten – gemixt: Fast immer einen Versuch wert!

- *Sherry und Portwein*

Sherry ist ein andalusischer Wein aus der Provinz Cadiz. Sein Aroma wird durch den Verschnitt mit

Branntwein modifiziert. In Spanien, den Tapas-Bars von Sevilla oder Barcelona kann man das Getränk aus dem spanischen Jerez de la Frontera ohne Bedenken trinken. In anderen Ländern kommt es leider vor, dass der Sherry über Wochen geöffnet im Kühlschrank steht. Die teils sehr feine und zarte Note (vor allem bei den trockenen Finos, die man unbedingt kühl trinken soll) ist dann schnell dahin. Seien Sie also bei der Bestellung und beim Genuss von Sherry und auch von den artverwandten Portweinen, Madeira oder Marsala recht kritisch. Werfen Sie einen Blick auf die Flasche: Fast leere, schon lange angebrochene Sherrys und Portweine oder auch Billigmarken gehören nicht auf den Tisch des Gourmets.

◆ *Campari, Ouzo, Pastis, Pernod, Ricard oder Anisette*

Sicher gehören sie insbesondere in ihren Heimatländern wie Italien oder Griechenland auf den Tisch. Der meist hohe Anteil an ätherischen Ölen und auch von Alkohol führt aber zu einer Beeinträchtigung des Geschmackssinns. Wer nicht darauf verzichten möchte, sollte auf jeden Fall genügend Zeit zwischen dem Aperitif und dem ersten Gang verstreichen lassen. Beigemengtes Wasser hilft auch.

◆ Seltener getrunken: *Byrrh und Dubonnet*
Mit 17 Prozent Alkohol und einem gefälligen Chininton wird der Byrrh gerne in der französischen Gastronomie gereicht. Angenehm trocken. Etwas bitterer, aber mit gleichen Alkohlgehalt wird der hell bis mittelrote Dubonnet angeboten.

◆ *Noilly Prat*
Der französische Weißweinwermut kommt erst nach mindestens eineinhalb Jahren Lagerung auf den Tisch. Enthält mehr als zwanzig Kräuter und Pflanzen nach einem geheim gehaltenen Rezept und ist sehr trocken (»French Extra Dry«).

Brot und Butter

Hier unterscheidet sich bereits oft die Spreu vom Weizen der oberen Gastronomie. Im Dreisterne-Restaurant erwarten Sie bis zu einem Dutzend unterschiedlicher und vor allem frischer Backwaren zur Wahl. Dazu erhalten Sie hausgemachte Cremes, gesalzene und ungesalzene Butter oder auch eine Auswahl von Ölen oder Gewürzen.

Wählen Sie mit Bedacht aus und – nur ein gut gemeinter Tipp – sättigen Sie sich nicht vorab mit einem »Zuviel« an Brot. Bedenken Sie, dass Ihnen ein Mehrgang-Menu bevorsteht! Und es wäre zu schade, wenn man zum abschließenden Dessert-Traum keinerlei Appetit mehr verspüren würde!

Gruß aus der Küche

»Gruß aus der Küche? Gruß zurück!« Um Gottes willen, sagen Sie das nie! Der »Gruß aus der Küche« oder auch *Amuse Gueule* ist ein oft sehr kunstvolles Häppchen vor dem eigentlichen Menu. Also nicht mit der Vorspeise verwechseln. Und noch etwas: In der Spitzengastronomie erhalten Sie oft gleich mehrere solcher »Grüße aus der Küche«. Genießen Sie den Querschnitt der Kochkunst, der ihnen geboten wird.

Und bedenken sie: Diese Vor-Vorspeisen werden nicht zusätzlich berechnet. Sie sind Teil des Menus. Umso besser!

Tischgespräche

Sicher hat es sich herumgesprochen: Themen wie die persönliche politische Präferenz, die religiöse Überzeugung oder sexuelle Vorlieben oder Erlebnisse gehören nicht zum Small talk in der Spitzengastronomie. Diese Themen könnten zu »heißen Köpfen« führen und – unter Alkoholeinfluss – auch schnell im Streit enden. Wie schade das wäre! Sprechen Sie mit Ihren Tischnachbarn doch einfach über die Kochkunst, die Sie im Moment erleben. Berichten Sie von Ihren anderen Gourmeterfahrungen oder besonderen kulinarischen Erlebnissen im Ausland. Vorsicht mit Kritik: Ihr Maître hat sehr gute Ohren und könnte die leiseste Kritik als sehr demotivierend empfinden oder gleich dem Küchenchef mitteilen, der sich dann womöglich noch persönlich bei Ihnen entschuldigen möchte: *Grande catastrophe!*

Die Titel im Restaurant

Nein, es gibt nicht nur Köche, Kellner und Oberkellner. Die Ränge sind schon etwas detaillierter verteilt!

◆ *Küchenbrigade*

Chef de Cuisine: der »General« der Küche und »Komponist« der Menus

Sous-Chef: Stellvertreter des Küchenchefs, bereits auf höchstem Niveau, vertritt und führt die Vorstellungen des Chefs im Detail aus.

Saucier: Chef der Saucen und Spezialist für Pfannengerichte

Entremetier: Meister für Gemüse und Beilagen, aber auch für Vorspeisen und Suppen zuständig

Garde-manger: In seiner Hand liegen u.a. die kalten Vorspeisen und Platten

Rotisseur: Spezialist für alles Gebratene (das früher am Spieß über dem Grill »rotierte«)

Poissonier: Zuständig für Fischgerichte

Patissier: Für alles Süße und Desserts! Angesehener Rang in der Sterneküche.

◆ *Servicebrigade*

Restaurantdirektor: Leiter des Restaurants, Stellvertreter des Patron (Eigentümers), bleibt meist im Hintergrund

Maître d'Hotel (kurz: *Maître*): Leiter der Servicemitarbeiter, Ansprechpartner für Reklamationen

Sommelier: Zuständig für das, was in das Glas des Gastes kommen soll. Ein guter Sommelier nimmt die Getränkebestellung nicht einfach auf, sonder berät mit Umsicht, aber ohne zuviel Small talk.

Chef de rang: Für eine bestimmte Auswahl von Tischen zuständig: von der Bestellung bis hin zum Tischservice (flambieren, filletieren etc.), wird vom *Demi Chef* oder *Commis de rang* unterstützt.

Commis de rang: Verbindungsglied zwischen Service und Küche, Koordinator und Schlichter, immer im Sinn eines perfekten Service.

Guter Service

Guter Service drängt sich nicht auf, sondern ist da, wenn man ihn benötigt. Liebedienerei ist genauso wenig gefragt, wie unnötig häufige

Unterbrechungen des Tischgesprächs mit einem »Hat es Ihnen geschmeckt?« Der perfekte Service ist eine Verbindung von exzellentem Timing (keine Hast, aber auch keine endlosen Pausen zwischen den Gängen) und großer Achtsamkeit (das leere Wasserglas wird aufgefüllt, ohne das man sich selbst kümmern muss).

Tafelkultur: Gedeck und Besteck

Über die Kultur einer »großen Tafel« ließen sich ganze Enzyklopädien schreiben und vor allem bebildern! Hier nur ein paar Hinweise, um Ihren Sinn für die Tafelkultur zu schärfen: Der Tisch für ein Gourmetmenu soll klar und übersichtlich gegliedert sein und Eleganz ausstrahlen. Alles Überdimensionierte, das den Genuss stören könnte – wie riesige Vasen (die die Sicht nehmen), allzu üppige Blumenarrangements (die den Geruchssinn beeinflussen können) – gehört nicht auf die Tafel. Ein perfektes Gedeck umfasst aber einen Platzteller, eine – wenn möglich – kunstvoll gefaltete Serviette (die man nach dem Platznehmen auf den Knien ausbreitet), Tischkerzen,

Brotteller und eine Ausstattung mit Besteck und Gläsern. Erst nach der Bestellung des Menus werden Besteck- und Gläserwahl angepasst.

Wichtige Grundregel: Das Besteck wird immer von außen nach innen aufgelegt. Wenn Sie also außen rechts und links das Besteck greifen, sollte die Vorlage exakt mit dem bestellten Menu korrespondieren. Links finden Sie die Gabeln, rechts Messer und Löffel. Das Dessertbesteck finden sie oberhalb des Tellers (wenn es nicht gesondert zum Dessert aufgelegt wird). Bei sehr umfangreichen Menus werden Besteck und Gläser nach den Gängen ausgetauscht, da der Platz sonst überladen wäre.

Einige spezielle Gerichte erfordern ein besonderes Besteck:
Austern: Kleine, dreizackige Gabel
Caviar: Caviarlöffel und Caviarmesser (aus Horn oder Perlmutt)
Fisch: Bauchiges Messer und gezackte Gabel zum Zerteilen statt Schneiden
Fondue: Lange schmale Fonduegablen

Hummer: Zange und Pike
Käse: Verschiedene Arten von Käsemessern (wenn nicht gesondert vorgelegt)
Krebse: Gelochtes Krebsmesser und zweizackige Gabel
Saucen: Flacher »Gourmetlöffel« zum Genießen der flüssigen Kreation
Schnecken: Zange und zweizackige Gabel
Spargel: Spargelgriff

Menukultur: Was dürfen wir heute erleben?

Die Frage, ob man eines der angebotenen Menus wählen sollte oder *À la Carte* zusammenstellen sollte, ist unter finanziellen Gesichtspunkten meist müßig. In der Spitzengastronomie bekommen Sie im Rahmen eines Menus »am meisten für's Geld«, und das Risiko einer unsicheren, eigenen Zusammenstellung der Gänge entfällt. Sie können zudem davon ausgehen, dass die Zutaten für die Menuvorschläge absolut frisch sind und die Zubereitung (ob der Vorbereitungsmöglichkeit) auch nicht allzu lange dauert. Sollte ein Gang eine Zutat beinhalten, die nichts für Sie ist, dann bitten Sie um einen alternativen Vorschlag, der ins Menu passen könnte. Man hat dafür in der Regel Verständnis und serviert eine leicht abgeänderte Folge – meist ohne Aufpreis.

Die klassischen Menuregeln haben sich über Jahrhunderte hinweg entwickelt und werden nur selten durchbrochen. Die klassische Menufolge beginnt mit einem *Amuse gueule*, einem »kleinen Gruß aus der Küche«, es folgen kalte Vorspeise und Suppe sowie eine warme Vorspeise und ein Fischgang. Je nach Menugestaltung können nun weitere Zwischengänge folgen (wozu auch etwas Erfrischendes wie ein Sorbet gehören kann). Dann folgt das *Roti*, der Fleischgang, gefolgt von einem Käseangebot und einem Dessert als süßem Abschluss.

Klassischerweise wiederholen sich im Verlaufe eines Menus die Grundprodukte nicht. Die Komposition des Menus erfolgt immer vom »Leichteren« hin zum »Massiveren« (also keine Sülze vor einem Fischgang). In einem perfekten Menu sollten sich optimalerweise die farblichen Grundtöne nicht wiederholen. Und: Keiner der Gänge sollte geschmacklich zu dominant sein, um zu verhindern, dass der jeweils nächste Gang »untergeht«.

Liquider Luxus: Suppen als hohe Kunst

Ursprünglich war das Image der Suppe als »Schlürfspeise« nicht besonders hoch. Sie galt als verwässerte Nahrung der Armen und der einfachen Landbevölkerung. Im neunzehnten Jahrhundert änderte sich dieses Bild: Aus der einstigen und einzigen Mahlzeit unterer Schichten wurde der Appetitanreger großer westlicher Küche. Es entwickelte sich eine ausgefeilte Suppenkultur mit unzähligen Ausprägungen. Die Fachleute sind sich einig: Eine großartige Suppe lebt von den Extremen, um zu überzeugen, soll aber nicht extrem kalt oder heiß serviert werden. Eine wohlschmeckende und reine Grundbrühe ist die Voraussetzung jeder guten Suppe. Die »Erarbeitung« einer Grundbrühe aus Fisch, Fleisch, Geflügel oder Wild erfordert Geduld und später bei der Kombination mit Zutaten wie Kräutern, Gemüsen, Nudeln, Ei oder Sahne viel Fingerspitzengefühl.

Man unterscheidet grundsätzlich die klaren Suppen, die Kraftbrühe auf Fleischbasis (französisch: *consommés*) und gebundene Suppen (französisch: *potages liés*) aus Geflügel, Fisch, Wild oder Krustentieren (französisch: *bisque*). Zu den legendären Suppen gehören: die französische Fischsuppe *Bouillabaisse* (Pflicht bei einer Reise an die südfranzösische Küste), die *potage Americain* (eine Hummer-Bisque in Krafbrühe), die *consommé à la reine* (eine Geflügelkraftsuppe mit gewürfeltem Eierstich und Hühnerfleisch) oder die *consommé à l'allemande* (Deutsche Kraftbrühe) mit Räucherwurst, Wacholderbeeren, Meerettich und Rotkohl.

Nun zu einigen besonderen Spezialitäten der Gourmetküche.

Austern

Austern kommen in tropischen Gewässern zwar noch wildlebend vor, doch das, was auf dem Tisch des Feinschmeckers steht, stammt aus Zuchtbecken. Austern gelten als Produkte der Gourment-Königsklasse: Sie sind gerade in Frankreich sehr beliebt, in guter Qualität nicht gerade billig und erfordern beim Verzehr doch eine gewisse Erfahrung.

Achten Sie darauf, dass Sie absolut frische Ware erhalten. In manchen Restaurants werden die Austern für Sie mit einem Austernbrecher am Tisch oder in Sichtweite geöffnet, um die Frische unter Beweis zu stellen. Die besten Austern sind flach und weisen ein grünliches Fleisch auf (zum Beispiel *Fines de Claires* und *Special Claires* sowie *Imperial Austern*). Austern werden grundsätzlich auf Eis mit Austerngabel, meist noch mit Zitronenscheibe und Brot serviert. Trinken Sie als Feinschmecker einen trockenen Pinot Blanc oder noch besser einen Chablis dazu. Übrigens: Der Winter gilt als Austernsaison.

Caviar

Teuer, extravagant, der Inbegriff des Luxuslebens: Caviar und Champagner. Ob Ihnen die Eier des Störweibchens nun als Delikatesse zusagen, müssen Sie selber herausfinden. Man sollte darauf achten, dass man echten Caviar (mit C geschrieben, bei Kaviar mit K handelt es sich um Ersatzprodukte) zum Beispiel aus Russland erhält. Bekannte Sorten: Beluga-Caviar vom Beluga-Stör mit einem Korndurchmesser von 3,5 Millimetern und Sevruga-Caviar vom Scherg-Stör mit recht kleinen, aber geschmacksintensiven Körnern.

Caviar wird im Originalbehälter auf Eis angerichtet und mit einem speziellen Caviarbesteck (niemals aus Silber) mit Toast oder Buchweizen-Küchlein (Blinis) und oft mit einem Glas Wodka oder natürlich Champagner serviert.

Nur zwanzig Kilogramm werden jährlich vom besten Caviar der Welt produziert! In der Golddose präsentiert kostet der russische Almas-Caviar je Kilo mittlerweile ca. 40.000 Euro.

Gänseleber

Klassisch wird sie als Gänseleberterrine aus purer Gänseleber mit etwas Salz und Pfeffer, Portwein und einem Schuss Cognac angeboten. Beliebt sind aber auch die Gänseleberpastete und das aus pürierter Masse bestehende Gänseleberparfait. In der Sterneküche sind Gänseleberprodukte ein Standard – besonders im Bereich der Vorspeisen. Seit Jahren wird der Umgang mit den

Tieren in der traditionellen Produktion diskutiert und kritisiert. Das »Stopfen« der Tiere ist daher auch in Österreich und Deutschland verboten.

Der einzigartig feine Geschmack der Gänseleber wird durch einen ausgewählten Wein, wie zum Beispiel einen Gewürztraminer oder einen schönen Sauternes unterstrichen.

Hummer und Langusten

Der Hummer, der »König der Meere«, und die artverwandte Languste sind Bestandteil jeder Gourmetküche. Seltener werden ganze Hummer serviert, aber gerne wird das Hummerfleisch zum Beispiel im Salat oder in Form von anderen Zubereitungen und Kombinationen präsentiert. Um einen ganzen Hummer zu essen, ist ein spezielles Hummerbesteck notwendig, mit dem zunächst das Schwanzstück und dann die übrigen Teile geöffnet werden. Keine Angst: Ihnen wird vor der Hummermahlzeit eine Serviette umgebunden, und Sie erhalten eine Fingerschale mit Zitrone zur Reinigung der Finger und Hände.

Das weiße Hummerfleisch ist außerordentlich schmackhaft und eine echte Spezialität, die einen trockenen Riesling, einen Chablis oder einen guten Champagner als Begleitung erfordert.

Tauben und Wachteln

Aus der französischen Küche nicht wegzudenken: Tauben, speziell die Bresse-Tauben. Gerade die jungen Tauben gelten mit ihrem fast weißen Fleisch als besondere Spezialität. Die Wachtel entstammt der Familie der Feldhühner – sie hat eine fette Haut, aber ganz mageres, besonders zartes und wohlschmeckendes Fleisch.

Trüffel

Umschwärmt als »Zauberapfel der Liebe« und hochgelobt als »Diamant der Küche«: Wenn man eine rohe Trüffel, die zur Gattung der Pilze gehört, dann in rohem Zustand sieht, ist man eher erschrocken. Trüffel sehen aus wie eine verkohlte Kartoffel mit einer groben, unebenen Oberfläche. Umso mehr überrascht dann der intensive Duft (entfernt an Knoblauch und

Blauschimmelkäse erinnernd) und der noch intensivere und einzigartige Geschmack, der leicht alle anderen Gewürze überdeckt.

Trüffel wachsen unter der Erde und werden mit Hilfe von speziellen »Trüffelhunden« oder »Trüffelschweinen« als Suchgehilfen ausfindig gemacht. Der Preis für ein Kilo weißer Trüffel (aus den Wäldern rund um das piemontesische Alba) ist geradezu astronomisch (vierstellig je Kilo). Weiße Trüffel schmecken intensiver als die schwarzen Trüffel. Wundern Sie sich nicht, wenn man Ihnen ein Nudelgericht mit Trüffel anbietet! Geraspelt über Nudeln entfaltet sich der einzigartige Duft und Geschmack besonders schön.

Produkte, die Sie kennen sollten

◆ *Kräuter*

Basilikum: fester Bestandteil von italienischer Pestosauce. Harmoniert ausgezeichnet mit Tomaten und Olivenöl.

Blumen: In der *Haute Cuisine* werden immer wieder auch essbare Blumen als optische Aufwertung und Geschmacksträger verwendet. Bevor-

zugt: Geranien, Kapuzinerkresse, Ringelblumen, Veilchen oder Zucchiniblüten.
Knoblauch: In der Gourmetküche wird Knoblauch eher vorsichtig und genau dosiert eingesetzt. Ein Zuviel ist verpönt.
Koriander: Hat sich aus der indischen Küche in die *Nouvelle Cuisine* vorgearbeitet. Fester Bestandteil jeder Curryzubereitung.
Minze: Besonders wichtig in der Patisserie. Aber auch gerne in besonderen Saucenkombinationen zu finden.
Oregano: Ist eigentlich wilder Majoran. Nicht aus der italienischen Küche wegzudenken.
Salbei: Passt exzellent zu deftigem Fleisch und ist daher Pflicht für eine gelungene Saltimbocca.
Thymian: Fünfhundert (!) Arten werden gezählt. Der Gartenthymian gehört zu Lamm und Wild. Mit Zitronenthymian lässt der Gourmet das Geflügel würzen.

◆ *Essig und Öl*

Beim *Essig* gibt es eine Vielzahl von Unterscheidungen. Besonders wichtig ist der Balsamico, ein rotbrauner, milder Essig aus Modena. In Holzfässern gereift. Weitere Essigsorten: Weinessig (passt gut zu Olivenöl), Apfelessig, Himbeeressig oder auch Reisessig.

Olivenöl ist eine Wissenschaft für sich. Eine sehr gute Küche lässt sich schon an der Qualität der Ölwahl erkennen. Billige Olivenöle schmekken eher bitter (im Abgang fast ranzig). Gute und sehr gute Öle sind samtweich und haben ein großes geschmackliches Volumen. In die gehobene Küche gehört immer kalt gepresstes Olivenöl (*extra vergine*), rein und unraffiniert und von satter grüngelber Farbe. Weltklasse aus Italien: *Rosso – Villa Zottopera* (Sizilien), *Villa Magra* aus der Toskana. Aus Frankreich *Castelas* und *Château Virant* aus der Provence.

In der Gourmetküche finden aber häufig auch Walnussöl (edel und ausdrucksstark), Kürbiskernöl, Distelöl, Sesamöl (starker Eigengeschmack), Sojaöl oder auch Traubenkernöl (nussiges Aroma) Anwendung.

Besondere Gourmetgemüse

Artischocke: Blüte aber auch Blütenboden der schmackhaften Distel werden von Köchen sehr geschätzt.

Aubergine: Wasserreiches Fruchtfleisch mit einigen Bitterstoffen, die sich beim Erwärmen verflüchtigen.

Avocado: Perfekt zur Kombination mit Meeresfrüchten (Garnelen), sehr vitamin- und fettreich.

Bambus: Natürlich nur die Sprossen! Herb bis süßlich. Wird eher selten verwendet.

Fenchel: Starkes eigenes Aroma, an Anis erinnernd. Mit viel Gespür einzusetzen, da der Eigengeschmack von Fleisch oder Geflügel überdeckt werden kann.

Mangold: Erinnert an Spinat. Besonders delikat: die Stengel.

Rucola: Häufig als Salat serviert, harmoniert die italienische Kresseart sehr gut mit Olivenöl, Parmesan und Fisch.

Topinambur: Geschmacklich zwischen Kartoffel und Artischocke anzusiedeln, leicht süßes Aroma.

Zucchini: Ein »Muss« der Mittelmeerküche. Gehört zu der Gruppe der Kürbisse, hat aber ein gurkenartiges Aussehen.

Pilze haben ihre Saison

Es ist kaum zu glauben, aber ganz besondere Pilze lassen sich nicht züchten. Sie müssen aufwändig gesammelt werden – und zwar zu bestimmten Jahreszeiten. Freuen Sie sich zum Beispiel auf den weißfleischigen Austernpilz, den dottergelben Pfifferling (im Süden auch Eierschwammerl genannt), die Morchel (je dunkler, je besser), die Shiitakepilze mit festem weißen Fleisch oder den Steinpilz (neben Trüffel und Morchel der edelste Pilz mit leichtem Nussgeschmack)!

Fische, die Sie kennen sollten

(in Klammer französische oder italienische Bezeichnung)

Aal: Konsistentes, intensiv schmeckendes Fleisch. Geräuchert eine besondere Delikatesse.

Barsch (Perche, Pesce Persico): Leicht und fettarm, aber grätenreich (am besten filettiert servieren lassen).

Drachenkopf (Rascasse): sieht gefährlich aus, aber mit leckerem krebsähnlichen Fleisch. Gehört in jede Bouillabaisse.

Forelle (Truite, Trota): Flussfisch aus der Lachsfamilie, zartes Fleisch, am besten: Bach-, See- oder Regenbogenforelle.

Goldbrasse (Dorade royale, Orata): Teurer Fisch mit sehr leichtem, festem Fleisch.

Hecht (Brochet, Lucio): Süßwasserfisch mit festem, aber grätenreichem Fleisch.

Karpfen (Carpe, Carpione): Süßwasserfisch. Der Beste: Amur- oder Königskarpfen. Nicht so gut: Schuppenkarpfen.

Katfisch (Lupa di mare): Nicht zu verwechseln mit dem *Loup de mer*, schmeckt auch eher durchschnittlich.

Krake (Poulpe, Octopus): Großer Tintenfisch (bis knapp einen Meter), zart und lecker sind aber nur die kleine Exemplare.

Lachs (Saumon, Salmone): Sehr beliebter Fisch, der seine ersten beiden Lebensjahre im Süßwasser zubringt und dann ins Meer zieht. Besonders lecker: Schottische Wildlachse oder Lachs aus Norwegen und aus der Ostsee. Sollte sich pochiert oder gebraten durch eine zartrosa Färbung ausweisen. Geräuchert oder mariniert eine echte Spezialität (Top-Qualität: Balik, Adour-Wildlachs).

Petersfisch (St. Pierre, San Pietro): Schmackhafter Plattfisch mit leuchtend weißem Fleisch.

Rochen (Razza): Kalorienarmer Rundfisch, gilt als besondere Delikatesse.

Schwertfisch (Espadon, Spada): Meeresfisch mit relativ fettem Fleisch.

Seezunge (Sole, Sogliola): Edler Plattfisch mit festem, kalorienarmem Fleisch.

Steinbutt (Turbot, Rombo): Plattfisch mit sehr feinem, weißem Fleisch. Besondere Delikatesse: Baby-Steinbutt.

Thunfisch (Thon, Tonno): Rötliches Fleisch, sehr vitaminreich und schmackhaft. Weltklasse: Blauflossenthunfisch.

Wolfsbarsch (Loup de mer, Branzino): Der teuerste Fisch auf dem Gourmettisch, festes Fleisch, intensiver Geschmack.

Zander: Weißes, aromatisches Fleisch mit wenig Gräten.

Aus der Metzgerei

Rindfleisch

In der Gourmetküche versteht man nach wie vor unter Rindfleisch meist das hochwertige Mastochsenfleisch. Erstklassiges Fleisch hat eine ins Dunkelrote reichende Tönung und ist eher kurzfaserig. Das Fett sollte hell sein, was auf ein junges Tier hinweist. Besonders gutes Fleisch sollte nicht völlig mager, sondern eher marmoriert sein.

Das feine weiße Netzwerk aus Fettäderchen ist beispielsweise das Merkmal des extrem teuren Kobe-Beefs aus Japan. Das teuerste Fleisch der Welt stammt von den Wagyus-Rindern. Es werden in Tokyo bis zu vierhundert Euro für ein Kilogramm auf die Rechnung gesetzt. Weitere Spitzenqualitäten stammen aus Argentinien (besonders gut: Premium Black Angus) und den Vereinigten Staaten von Amerika (USDA Prime).

Châteaubriand: Traumstück aus der Rinderlende zwischen Filet und Tournedo. Das beachtliche Doppelstück wiegt ca. 400 Gramm und reicht damit eigentlich für zwei Personen.
Beefsteak: Fingerdicke Scheibe vom Feinsten des Rindes, der Filetmitte.
Tournedos: Kleinere Tranchen aus der Filetspitze.
Filets mignons: Fünzig bis sechzig Gramm schwere, erstklassiger Teil der Filetspitze.
Entrecôte (französisch: zwischen der Rippe): Internationaler Begriff für ein vier bis sechs Zentimeter dickes und bis zu fünfhundert Gramm schweres Zwischenrippenstück.
Rib-Eye Steak: Dickere Scheibe aus dem Kern der Hochrippe, durchwachsen, aber zart.
Roastbeef: Das äußere Rippenstück vom Rind, gerne auch gebraten kalt mit Remouladensauce serviert.
T-Bone-Steak: Aus dem Rippenstück mit Filet und dem T-förmigen Knochen.
Tafelspitz: Ganz weich gekochte Rinderkeule, gilt als österreichisches Nationalgericht.

Kalbfleisch

Wer Kalbfleisch wählt, darf gerade in der Feinschmeckerküche mit besonders zartem Fleisch rechnen. Das beste Stück vom Kalb ist die Kalbslende (meist als Medaillons). Weiterhin zu empfehlen: Kalbsrücken (hieraus werden Kalbskoteletts und Steaks gemacht) und Kalbsnuss (ein saftiges Stück aus der Kalbskeule, hieraus wird das bekannte »Wiener Schnitzel« gemacht).

Lamm

Als besondere Delikatesse vom Lamm gilt das Fleisch des Milchlamms, das häufig in der Gourmetküche verarbeitet wird. Besonders delikat ist der Lammsattel (das Rückenstück, aus dem die Lammkoteletts geschnitten werden). Im Ganzen wird die Lammkeule gebraten, während die Lammnüsschen medaillonartig geschnittene Filets aus dem Lammrücken sind. Weltklasse: *Agneau Pré-Salé Le Grévin* vom Golf von St. Malo an der französichen Atlantikküste, besonders zart und aromatisch. Spitzenklasse aus

Deutschland: Lüneburger Heidschnucke und das Nordfriesische Salzwiesenlamm.

Schwein

Schweinefleisch wird in der Gourmetküche seltener eingesetzt. Gelegentlich wird Spanferkel serviert, was als besondere Delikatesse gilt. Wichtig: Das gegrillte Fleisch muss saftig bleiben. Der Schinken ist dagegen verbreitet: Besonders beliebt ist der norditalienische *Prosciutto di Parma* (Parmaschinken, fein würzig), der spanische Jamón Ibérico de Bellota Gran Reserva (auch als *pata negra* auf den Menus) und der *Prosciutto di San Daniele* (Traditionsproduktion aus Oberitalien).

Käse:

Ein Universum aus Milch

Zum Gourmet-Diner gehört eine besondere Käseauswahl – manchmal sogar vom eigenen Käsewagen mit zahlreichen Sorten serviert. Seien Sie experimentierfreudig und lassen Sie sich verschiedene Käse empfehlen. Französische Genießer beschließen das Menu mit einer Folge von Käsen mit zunehmender Festigkeit und Fettstufe. Man beginnt mit einem frischen Käse, zum Beispiel Schafskäse, geht dann zu einem milden Weichkäse über, um dann in den Bereich der pikanten Sorten vorzudringen. Dazu gehören mit Sicherheit die Blauschimmelkäse.

Grundsätzlich gilt, dass die Rohmilchkäse intensiver vom Geschmack ausfallen als die Käse auf der Basis von pasteurisierter Milch. Zu Ihrer Käseauswahl sollte auf jeden Fall ein gereifter Camembert aus der Normandie gehören. Achten Sie darauf, dass Sie einen echten Camembert vorgesetzt bekommen. Der Begriff ist nicht geschützt und »echt« dürfen sich nur die Camemberts nennen, die das französische Gütezeichen AOC tragen. Gerade mal fünf Prozent der über tausend verschiedenen Sorten auf dem Markt tragen diese Markierung. Top-Camemberts: *Camembert Marie Harel AOC, Camembert Th. Réau AOC* und natürlich *Ferme de la Héronniere.*

Weitere Käse, die es »in sich« haben: Romandour, Tilsiter, Brie, Vacheron, Coulommiers, Livarot, Pont l'eveque, Roquefort, Gorgonzola, Blue Stilton, Havarti, Appenzeller, Gruyère, Manchego. Wagen Sie die kulinarische Reise!

Schön gegliederter Überblick:

www.kaeseplatte.com

Die große Welt der Desserts: Patisserie und Chocolaterie

Neben dem Chefkoch führt der Patissier ein ganz eigenes Dasein in der »großen Küche«. Das hat damit zu tun, dass die meisten Gourmetköche das Dessert nicht im Fokus haben. Das Süße führt ein Eigenleben, und so wird es denn auch in führenden Restaurants zelebriert: Es wird neu eingedeckt. Und derweil sogar mit einem »Vor-Dessert« eingeleitet. Der Fantasie sind dabei fast keine Grenzen gesetzt, und dem Feinschmecker ist nur zu raten, noch ein kleines bisschen Appetit für diese letzte Sequenz der Mahlzeit zu bewahren.

Freuen Sie sich auf:

Baiser: Schaumgebäck aus geschlagenem mit

Zucker unterrührtem Eiweiß, das erwärmt mit Eis oder Creme serviert wird.

Bavaroise oder *Bayerische Creme:* Kreation auf der Basis von Milch, Zucker, Eigelb und Schlagsahne mit Schokolade oder Früchten.

Charlotte: Süßspeise mit Löffelbiskuits, Creme und Früchten.

Crêpes Suzettes: Ganz dünne Pfannküchlein mit Orangenbutter und Grand Manier Likör.

Grießflammeri: Grießpudding mit Fruchtmark.

Meringue: Baiser aus geschlagenem Eiweiß.

Mousse au chocolat: Französischer Klassiker aus geschmolzener Schokolade, Schlagsahne, Butter, Zucker und Eiweiß.

Parfait: Meist als Eisparfait serviert, auf Basis von vermengten Eiern, Zucker, Früchten, Branntwein und Schlagsahne.

Petit fours: Kleine, süße Küchlein mit Pralinécharakter, die zum Kaffee gereicht werden.

Sorbet: Dessert aus geeistem Fruchtmark (wird gelegentlich auch als »Zwischengang« serviert)

Tiramisu: Italienische Spezialität mit Löffelbiskuit, Mascarpone-Creme und Kakaopulver.

Die Welt des Weins

Wer guten Wein trinkt, sieht Gott.

FRANZÖSISCHES SPRICHWORT

Die Weinvielfalt in großen Restaurants und auch im Weinhandel ist unglaublich. Manche Spitzenhäuser führen über zweitausend Weine auf ihrer Karte! Wer da nicht mal den einen oder anderen Namen gehört hat, »outet« sich schnell als absoluter Neuling. Klar: Sie müssen niemandem vorgaukeln, dass Sie den völligen Überblick haben, doch gibt es ein paar Begriffe und auch spezielle Lagen, deren Namen Sie sich einprägen sollten.

Kleines Wein-ABC

Barolo und *Barbaresco:* Berühmte und schwere Italiener.

Barrique: Eichenfass zum Ausbau von Spitzenweinen.

Bordeaux: Gehört – neben dem Burgund – zu den wichtigsten internationalen Weinbaugebieten. Hierzu gehören berühmte Weinbaugebiete wie Médoc, Saint-Emilion, Saint-Julien, Pomerol, Graves. Bekannte Châteaux: Cheval Blanc, Lafite Rothschild, Latour, Margaux, Mouton-Rothschild, Peturs, Château d'Yquem.

Brunello di Montalcino: Roter Spitzenwein aus der Toskana.

Burgunder: Französischer Wein (vor allem weiß), einige Spitzengewächse

Cabernet Sauvignon: Wichtige Rotweintraube aus dem Bordeauxgebiet, die aber auch international angebaut wird und viele Spitzenweine hervorbringt.

Chardonnay: Wichtigste weiße Rebsorte. Traube ergibt körperreiche, trockene Weine, wie zum Beispiel Chablis, Burgunder, sogar Champagner

Chianti: Rotwein der Toskana. *Chianti classico* mit dem Symbol *Gallo Nero* gilt als der »wahre« Chianti.

Cru: In der obersten Gruppe französicher Weine wird in einem Klassifikationssystem unterschie-

den zwischen den *Crus classée*, *Grand Cru Classée* sowie *Premier Cru* (Topliga).
Cuvée: Verschnitt (durchaus üblich, zum Beispiel bei großen Bordeaux-Weinen, aber auch bei Champagner).
D.O.C.: Denominazione di Origine Controllata – italienische Ursprungsbezeichnung.
Depot: Bodensatz der Weinflasche, der beim Dekantieren auch in der Flasche verbleiben sollte.
Eiswein: Sehr hochwertiger Süßwein.
Grüner Veltliner: Österreichische Rebe als Basis von fruchtig-leichten Weinen
Kabinett: Deutsche Qualitätsbezeichnung, die eine gehobene Güteklasse bezeichnet
Korkgeschmack: Wenn der Wein nach Kork schmeckt, wird die Flasche anstandslos ersetzt. Passiert selten durch einen Korkfehler.
Pinot Blanc: Weißer Burgunder.
Riesling: Edle Weißweinrebe, vor allem aus dem Rheingau und Elsaß.
Rioja: Die Riservas zählen zu den besten spanischen Weinen.
Sauvignon Blanc: Wichtigste Weißweinrebe von

Sauternes und Graves.
Spätlese: Bezeichnung für Weine mit höherer Restsüße.
Trockenbeerenauslese: Wein aus sehr spät gelesenen Beeren (zum Beispiel Château d'Yquem)

Sommelier gefragt

Die alte Regel, Weißwein zu Fisch und leichten Suppen, hellem Fleisch wie beispielsweise Geflügel passt grundsätzlich noch immer. Während der Rotwein vornehmlich zu rotem Fleisch und Wild getrunken wird. Zum Menu startet man nach dem Aperitif mit einem meist fruchtigen Weißwein, um dann zum Hauptgang auf den Rotwein zu wechseln. Bei der Wahl darf man sich getrost an den Sommelier wenden, der gerne und professionell berät. Vorsicht bei der Preisgestaltung! Das Gourmetrestaurant hält gute Tropfen ab ca. vierzig Euro bereit, kann aber auch mit Flaschen im vierstelligen Bereich aufwarten. Es ist also keine Schande, wenn man dem Sommelier eine preisliche »Richtung« vorgibt. Man kann auch nach dem »Hauswein« fragen, der in der Regel preislich fair angesetzt ist und dabei von guter Qualität sein sollte.

Grundsätzlich ist es nicht verboten, wenn Sie einen Weiß- oder Rotwein nach eigenem Belieben zu den Gängen wählen. Die Regeln haben sich etwas gelockert, und so kann man – wenn man es mag – auch ein Menu durchweg mit Champagner als Getränk bestreiten.

Wollen Sie dem Wein ein Stündchen widmen? Dann lesen Sie »Weinkenner in 60 Minuten« (Thiele Verlag)!

Nachspiel: Die Digestifs

Ursprünglich galt der Digestif als hilfreicher Trunk nach einer umfassenden Mahlzeit. Magen, Galle und Darm sollten alkoholisch zu optimalem Schaffen angeregt werden. Was so medizinisch klingt, ist immer noch besser als das früher auch verabreichte Koch- oder Glaubersalz oder gar Natron! Mittlerweile ist die Wahl eines passenden Digestif eine »Kultur nach dem Essen« geworden. Das Spektrum reicht vom beliebten Grappa über Bitter hin zu Cognac oder Calvados.

Aquavit: Hochprozentiger, nordischer Schnaps, im geeisten Glas serviert.
Amaretto: Süßer Likör mit Mandelgeschmack, wird gerne auf Eis oder mit Sahne oder mit einem Schuss Espresso getrunken.
Armagnac: Der Hauptkonkurrent des Cognac, fruchtig, aromatisch, am besten schmeckt er nach dreißig bis vierzig Jahren Reife.

Bourbon: Hochprozentiger US-Whiskey (daher auch mit einem »e«), volles Aroma.
Calvados: Ein französicher Apfelbranntwein erster Güte, verschiedene Geschmacksnoten von süß bis bitter oder sogar säuerlich.
Chartreuse: Stammt aus dem Kartäuserkloster Grand Chartreuse. Nur fünf Mönche kennen das Rezept des Weinbrands mit einhundertdreißig Kräuterwirkstoffen.
Cherry Brandy: Halbtrockener Kirschlikör, der sich Brandy nennen darf (24 Vol.-%).
Cognac: Kunstvoll aus verschiedenen Jahrgängen zusammgesetzt (*assemblage*) und lange gelagert (fünfzig und mehr Fassjahre!). Cognac darf sich nur nennen, was aus Cognac und den umgebenden Gebieten stammt.
Cointreau: Im französischen Angers aus Orangenschalen destiliert. Auch hier ist die Herstellung geheim.
Drambuie: Likör aus dem schottischen Single Malt Whisky mit Ginsterhonig und geheimgehaltenen Kräuteressenzen.
Grappa: Hochprozentiger italienischer Brannt-

wein (bis zu 60 Vol.-%), entspricht dem französischen *Marc* und den deutschen Trester-Branntweinen.

Madeira: Aromatischer und sehr fruchtiger Likörwein von der westafrikanischen Vulkaninsel Madeira, die zu Portugal gehört

Marc: der »gallische Grappa« mit urfranzösischer Hochprozentigkeit (40 Vol.-%).

Obstler: Deutscher Branntwein mit mindestens 32 Vol.-% auf Obstbasis.

Portwein: Dessertwein aus Portugal, Lagerzeit mindestens zwei bis drei Jahre, bis zum zehnten Jahr gilt er als »jung«. Manche Portweine sind über fünfzig Jahre alt.

Rum: Branntwein der Karibik aus Zuckerrohr, der beste Rum kommt aus Jamaika, Puerto Rico und von Martinique. Hochprozentig.

Sauternes: Edelsüße, französische Dessertweine. Geringe Erträge führen zum hohen Preis.

Single Malt: Oberliga des Whisky. In Schottland aus gemälzter Gerste gebrannt. Am besten pur (oder nur minimal verdünnt) und nicht zu kalt, Schluck für Schluck zu trinken.

Tequila: Agavenbranntwein aus vier mexikanischen Bundesstaaten mit bis zu 45 Vol.-%. Das Trinkritual: Salz von der Faust oder vom Handrücken lecken, ein Stückchen Zitrone lutschen und dann ein eiskalter Schluck.
Wodka: Steht im Russischen für »Wässerchen«. Wird in Russland, Polen und Finnland gebrannt. Hochprozentig. Eher weich bis kaum schmeckbar. Belastet den Atem nicht.

Spezial: Speisen wie Gott in Frankreich

Frankreich, *La grande Nation*, beherbergt ein Volk von Gourmets. Die große Küche ist in Frankreich keine Sache einer gebildeten und wohlhabenden Elite, sondern eine echte Volkskultur. Man muss nicht weit reisen und viel Geld auf den Tisch legen, um ein superbes Gericht erleben zu dürfen: Schon ein kleines Bistro in der Provinz vermag außergewöhnliche Küchenvielfalt zu bieten. In Frankreich ist das Essen ein Kulturgenuss, und zwar ein täglicher. Die Gourmetküche wird verehrt, Länder und Menschen mit einfacheren kulinarischen Wünschen oder Kulturen werden schlichtweg verachtet.

Für den Gourmet, der »wie Gott in Frankreich« essen möchte, sind verschiedene kulinarische Regionen und deren Spezialitäten wichtig:

Auvergne: Die Auvergne bietet eine kräftige Küche mit deftigen Eintöpfen und Suppen, verschiedenen Wurstwaren und Kartoffelgerichten. Besonders empfehlenswert: *truffade*, Kartoffeln mit geschmolzenem Käse.
Bordeaux: Großartige Küche mit dem Besten vom Land (wie dem Lamm von Pauillac) und aus dem Meer (Austern und »kleine Seezungen«). Der erstklassige Rotwein gehört zum und ins Essen (wie beispielsweise beim *entrecôte bordelaise*, einem Rindersteak in Rotweinsauce). Weltbekannt ist auch das eingemachte Enten- und Gänsefleisch (*confit de canard* bzw. *confit d'oie*).
Bretagne: In der Bretagne setzt man auf eine eher einfache Küche auf der Basis von Fisch und Schalentieren (Austern, Hummer, Jakobsmuscheln, Krabben,Taschenkrebsen, Langusten), die u.a. gegrillt *(grillé)* oder mit roh mit Zitrone *(au naturel)* serviert werden. Nicht verpassen sollte man *rillettes* (Faserig in Fett gegartes Gänse-, Puten-, Schweine oder Kaninchenfleisch) und die weltberühmten dünnen Pfannküchlein *crêpes* – am besten mit einem Gläschen Cidre (ähnlich dem Apfelwein).

Auf vielen Speisekarten finden sich die Burgunder Spezialität *coq au vin* (Hähnchen in Weinsud) und auch *boeuf bourguignon* (bestes Rindfleisch vom Charolais-Rind in Rotweinsauce). Aus der Hauptstadt des Burgund stammt der weltbekannte Dijon-Senf und der Cassis (Johannisbeer-Likör als Basis des Aperitifs Kir und Kir Royal).
Elsaß: Choucroute à l'alsacienne heißt das typisch Elsässer Gericht, das eine Reise über die Grenze bei Straßburg lohnt. Sehr schön auch der Flammkuchen, eine Art französische Pizza mit Crème fraiche und Zwiebeln.
Languedoc und *Provence* bieten mediterrane Zutaten für eine Küche auf Basis von Oliven, Knoblauch und viel Fisch. Nicht verpassen sollte man die Fischsuppe *bouillabaisse* oder das Gemüseragout *ratatouille*.
Normandie: Die Normandie bietet – vereinfacht gesagt – eine ähnliche Küche wie die Bretagne, aber ganz deutlich angereichert um den *calvados*, der nicht nur zwischen den Gängen getrunken wird, sondern auch zur Verfeinerung der Saucen eingesetzt wird.

Perigord: Weltbekannt für Trüffel und Trüffelöl sowie Gänse- und Entenleber u.a. auch mit dem regionalen Walnussöl (*huile de noix*).

Wie die Einheimischen essen - und zwar in Paris

Tja, Camembert schneidet man nicht in Streifen, sondern – das gilt für alle Rundkäse – wie eine Torte! Wo man diese Details am besten lernt? Vor Ort im Gourmet-Mekka Paris. Und dort möchten Sie das natürlich auch nicht von einem indignierten Kellner erfahren, sondern am besten von einem freundlichen, französischen Gastgeber. Jemandem, der Sie im familiären Ambiente empfängt und versorgt. Und wenn Sie keinen privaten Kontakt haben, kann man sich – via Internet – schnelle Hilfe besorgen: Unter www.meetingthefrench.com (Telefon: 0033 – 1 – 42 51 19 80) finden Sie eine Adressenliste von privaten Gastgebern mit einer freien Terminwahl. Die Investition von neunzig Euro lohnt sich für alle, die die kleine gepflegte Runde suchen.

Eine Alternative wäre ein Abend im Hause von Patricia Laplant, die auf Mailanfrage jede Woche ein Programm für privat gehaltene, auch kulinarische Abende versendet: parissoirees@gmail.com. Die Kosten liegen dort bei ca. zwanzig Euro für Soireen mit wechselnden Themen und – ganz praktisch für Touristen – in englischer Sprache.

Ich schmecke »Feines« – Genießen lernen

Gute Ware lobt sich selbst.

DEUTSCHES SPRICHWORT

Es gäbe vieles über die heutige Esskultur zu sagen – und es würde alles unter der Überschrift »Keine Zeit« zusammenzufassen sein. Und damit ist im Umkehrschluss schon gesagt, was ein Feinschmecker haben muss: Zeit. Es ist nicht der Geldbeutel, der darüber entscheidet, ob Sie ein Gourmet werden, sondern Ihr Wille, sich Zeit für das Genießen zu nehmen. Um genießen zu können, muss man neben der Ruhe aber auch über einen gewissen Respekt verfügen. Den Respekt vor der Mühe des Küchenchefs, aber auch vor den aufwändigen Zutaten erster Güte. Große Küche ist Kunst. Und sie erwartet daher Achtsamkeit vom Genießer. Wer schnell »mal eben«

satt werden will, ist nicht als Gourmet unterwegs. Man geht ja auch nicht »mal eben« für ein paar Minuten in eine Galerie oder ein Museum, sondern man verweilt, nimmt Eindrücke in sich auf, lässt wirken, darf staunen, sich erfreuen, lächeln oder nur meditativ verharren. Sicher ist ein gehobenes Restaurant kein Museum oder ein Tempel. Doch die Muße eines Kunstkenners und Kunstfreundes ist auch hier gefragt. Es gilt die Schönheit der Präsentation und die sinnliche Komposition zu entdecken und sie zu schätzen.

Das heißt Genießen: Fein-sinnig werden – den Geschmack schärfen, differenziert wahrnehmen, das Auge trainieren. Wann ist man also »Gourmet«? Dann, wenn man auf der Basis zahlreicher kulinarischer Erfahrungen gelernt hat, einzuordnen, zu schätzen und »fein« zu schmecken. Ein langer Weg? Womöglich. Beginnen kann man aber sofort. Nehmen Sie sich Zeit für die große Welt des kulinarischen Genusses!

Können die was? Kriterien für die Beurteilung großer Küche

Große Küche zu bewerten und vergleichbar zu machen ist ein außerordentlich schwieriges Unterfangen. Die oft über Jahre andauernde Diskussion, wer nun der Beste, Allerbeste oder nur einer unter den Oberen sei, zeigt, wie unklar doch die Kriterien sind. Schlussendlich spielt der subjektive Eindruck, die persönliche Erfahrenswelt eine wesentliche Rolle bei jeder Bewertung. Wie oft haben Sie schon gehört, dass ein Freund Ihnen das »wirklich beste« Restaurant angepriesen hat? Das dann ggfls. in keinem Restaurantführer auftaucht oder dort nur mittelmäßig abschneidet. Essen, Trinken und Genießen ist eben immer ein sehr persönliches Erlebnis, das ganz zentral mit Geschmack zu tun hat, und über den lässt sich bekanntlich trefflich streiten.

Kurzum: Lassen Sie die Meinung der anderen am besten zu und kultivieren Sie gleichzeitig ihre eigenen »Standards«: Versuchen Sie das, was Sie als Feinschmecker erleben, in Worte zu fassen und im Vergleich mit bereits Erlebtem zu sehen. Dabei hilft sicher ein kulinarisches »Tagebuch«, in dem Sie ihre Erlebnisse kurz umreißen und vielleicht zur Erinnerung noch die Karte des Restaurants aufheben. Dieses »Poesiealbum des Geschmacks« hilft definitiv bei der Kultivierung von kulinarischer Meinung. Notieren Sie sich dort zu den folgenden Kategorien Ihre Auffassung oder verteilen Sie Noten:

- *Setting*

Wie schätzen Sie die Lage des Restaurants ein? Wie ist es eingerichtet und gestaltet? Haben die Räumlichkeiten etwas Unvergleichliches? Einen einzigartigen Stil oder eine besonders ansprechende Ausstattung? Fühlen Sie sich in dem Restaurant »gut aufgehoben«, »zu Hause«, sind Sie fasziniert oder begeistert oder abgestoßen, gelangweilt, schockiert? Haben Sie das Gefühl, dass mit großer persönlicher Sorgfalt gestaltet wurde? Oder wirkt der Platz unaufgeräumt, stilistisch unausgewogen, fehlen Perfektion und Raffinesse?

◆ *Service*

Wirkt die persönliche Betreuung vom ersten Moment an engagiert und herzlich, umsichtig und gastfreundlich? Oder haben Sie das Gefühl, dass Sie lästig sind oder stören, dass man sie nur nach langweiliger Routine lustlos irgendwie platziert?

◆ *Kreativität*

Der subjektivste Aspekt bei der Einschätzung eines Spitzenrestaurants. Es ist hier genau zu differenzieren, ob man versucht, »einfach nur anders zu sein«, oder ob »eine Linie verfolgt« wird. So kann ein besonders modernes Besteck und Geschirr in Kombination mit einem avantgardistischen Setting des Restaurants und einer hochinnovativen Gourmetküche durchaus überzeugen. In einem eher bürgerlichen Ambiente kann genau das gestelzt wirken. Es geht immer um das Gesamtbild, das sich ergibt: Ausgewogenheit und Kontrast müssen in einer kreativen Gastronomie in einem fühlbaren Verhältnis stehen.

Das gilt vor allem für das, was auf den Teller kommt. Grundsätzlich ist in einer Spitzenküche fast alles möglich und erlaubt. So können schwarze und weiße Nudeln an Kaviar einen optischen und auch geschmacklichen Hochgenuss ergeben, genauso dürfen Langustenhälften mit Grapefruitfilets kombinert werden: Es darf, nein, es muss neu und anders schmecken, um einer »großen Küche« zugerechnet zu werden. Also: Niemals ablehnen, bevor man probiert hat. Überzeugt die Kombination Ihren Gaumen durch eine kontrastreiche Überraschung? Haben Sie genau dieses schon einmal irgendwo anders geschmeckt? Und: Ist die optische Präsentation feinsinnig, Appetit machend und kunstvoll? Oder wurde da etwas lieblos »zusammengeworfen«?

◆ *Frische*

Hier trennt sich oft die »Spreu vom Weizen« ambitionierter und schlichtweg großartiger Küche. Absolute Frische aller verwendeten Waren ist eine unabdingbare Voraussetzung der Feinschmecker-Küche. Ob Sie nun selber kochen wollen oder den Weg ins Gourmetrestaurant wählen: Für die Köche der Spitzenrestaurants ist der – meist sehr frühe – Weg über die Märkte sowie der persönliche Draht zu den Spitzenlieferanten ein absolutes »Muss« für den Erfolg. Es geht dabei nicht nur um den »frischen Fisch«, sondern um sämtliche verwendeten Zutaten. Große Küche ist frische Küche. Sobald Sie hieran Zweifel hegen, weil der Salat welk, das Brot trocken ist oder der Fisch mit leichtem Nachgeschmack serviert wird, dürfen Sie getrost ein »Minus« in Ihre kulinarischen Notizen machen.

- *Geschmack*

Streitpunkt und Herausforderung zugleich. Für den Gast gilt: Seien Sie offen für Neues. Oder besser: Hoffen Sie auf neue Düfte und anderen Geschmack. Als Gourmet sollten sie neugierig und auch mutig sein. Gehen Sie den Weg durch die wirklich unendliche Welt der Kombinationsmöglichkeiten mit! Sobald Sie Altbekanntes in absolut gleichem Gewande erleben, Ihre Geschmacksknospen sich also langweilen, dann ist der Küche nichts wirklich Großes gelungen. Dabei ist zu bedenken, dass es eine ganz besondere

Kunst ist, »bekannte« Gerichte, wie zum Beispiel einen Gänsebraten mit Rotkohl und Marzipanäpfeln, zum Feinschmecker-Erlebnis zu machen. Es geht auch bei einem solchen »Standardgericht« um die geschmackliche Verfeinerung und Weiterentwicklung des »Gelernten«. Das Fleisch muss zarter als bekannt, die Soße deftiger oder leichter als gewohnt, der Apfel frischer und das Marzipan weihnachtlicher sein, als man es kennt. Dann hat ein »großer« Koch gewirkt. Wenn alles so ist »wie immer«, ist es okay. Aber eben nur durchschnittlich.

Haute Cusine ist Frische und Improvisation

Haute Cuisine bezeichnet die Spitzenleistung von Spitzenköchen in gastronomischen Spitzenbetrieben. Der Ausgangspunkt jeder großen Kochkunst ist immer ein Ausgangsprodukt absoluter Frische. Es muss nicht exotisch sein, sondern darf sogar aus der Region stammen, die Rezepte dürfen originell sein, höchst ausgefallen, kleine oder große Portionen ergeben. All das ist nicht vorrangig: Frische und höchste Qualität der Basiszutaten sind dagegen absolute Pflicht. Und daran können Sie als Feinschmecker als allererstes erkennen, ob Sie in einem Restaurant der ersten Güte sitzen. Oft wird die *Haute Cuisine* daher auch als frische Marktküche (*la cuisine du marché*) oder auch Spontanküche (*la cuisine spontanée*) bezeichnet: Das, was frühmorgens in höchster Frische auf den Märkten erworben werden kann, macht das Menu des Abends aus. Improvisation ist also nicht nur erlaubt, sondern erwünscht und für Sie ein weiteres Insignium einer Spitzenküche.

◆ *Liebe zum Detail*

Des weiteren ist die Liebe zum Detail bei einem vor Ihnen stehenden Teller ein wichtiges Prüfmerkmal: Haben Sie den Eindruck, dass hier mit Konzentration und künstlerischer Hand gearbeitet wurde? Wurde der Teller ästhetisch ansprechend gestaltet? Wurden Sie von dem Gang überrascht, von der Klarheit der Präsentation oder der großartig barocken Aufmachung des

Gerichts? Oder steht genau das vor Ihnen, was Sie erwartet haben? Stellt sich gar Langeweile – sowohl vom optischen Genuss, wie auch von der geschmacklichen Darbietung – ein? Würden Sie das Gericht ggfls. nochmals bestellen oder weiterempfehlen, weil es Sie in einem der Punkte so wunderbar begeistert hat? Dann dürften Sie gerade *Haute Cuisine* erlebt haben! Verlassen Sie sich auf Ihre spontanen Gefühle, die sich beim Erleben eines Menuganges einstellen! Essen soll eine Lust sein und Freude bereiten: Wenn sich diese Lust kaum einstellt und Sie keinen Spaß am Menu haben, dann besteht die Gefahr, dass Sie nicht bei einer »großen Küche« gelandet sind. Oder: Ihre Ansprüche sind schon ganz schön hoch!

Noch etwas: Es versteht sich, dass das Gericht in einem Feinschmecker-Restaurant warm auf den Tisch zu kommen hat, achtsam serviert werden sollte und dass sich weder das Gefühl eines unmäßigen oder auf der anderen Seite gar lustlosen Gewürzeinsatzes einstellt. Aber das ist Ihnen als angehenden Feinschmecker ja ohnehin klar!

Tägliche Gaumenfreuden: Ein Leben ohne Tütensuppe

Verlockend ist es schon, das große Sortiment der Fertig- und Halbfertiggerichte! Von den beliebten Ravioli aus der Dose bis hin zur vorgefertigten, nur noch anzurührenden Soße aus der Tüte. Für einen wahren Feinschmecker sollten das aber wirklich nur »Notlösungen« in der Küche sein: Wer seine Geschmacksknospen nicht veröden lassen möchte, wer auf Frische und Gehalt seiner Ernährung setzt, sollte die Mühe des Selberkochens nicht scheuen: Das schmeckt nicht nur besser und ist gesünder, sondern kann auch ein sehr meditatives oder in der Gruppe erlebnisreiches Unterfangen sein.

Kochen, aber was und wie? Diese Frage kennen die meisten. Und diejenigen, die bereits ganz ordentlich kochen können, suchen nach immer nach neuen Inspirationen. Anstelle von langatmigen Kochsendungen empfehle ich den Besuch von realitätsnahen Kochkursen. Realitätsnah? Ja, das sollte es schon sein. Einfach nur zuschauen, wie Johann Lafer oder Dieter Müller zaubern können, kann sogar kontraproduktiv sein: Am besten ist die Suche nach einem praxisnahen Kurs in der Nähe. Kostet nicht allzu viel und schafft auch im Alltag immer wieder Gourmetmomente!

- *Websites*

www.erlebniskochen.de (nach Regionen sortiert)
www.kochmesser.de
(weites Spektrum: vom Fernsehkoch bis zum Regional-Matador)
www.kochschule-deutschland.de
www.alacarte.de
(eine Vielzahl von Kursanbietern)

- *Kochbücher für den Alltags-Feinschmecker*

Gordon Ramsay: Schnelle Sterneküche
Eckart Witzigmann: Highlights (Highlights aus der *Aubergine*, dem legendären Gourmetrestaurant von Eckart Witzigmann. Einzigartige Küchenschätze für Feinschmecker)
Gisela Krahl: Das Schlampen-Kochbuch (Für gewitzte Anfänger, eilige Gourmets und alle, die mit links etwas zaubern möchten)

So »explodiert« Geschmack: Molekularküche

Eigentlich geht es bei der Molekularküche nicht so zu wie in einer »normalen« Küche: Es sieht eher aus wie einem Chemielabor! Und um Chemie und Physik geht es den absolut hippen Molekularköchen auch. Sie verwenden neben den bekannten Zubereitungsmethoden auch Techniken aus der Chemie und Lebensmittelindustrie und erzeugen so Gerichte mit gänzlich neuen Eigenschaften. Aus Gemüsen werden Schäume und aus Fleisch Gelee, die durch die mutige Kombination von Gewürzen und Zusätzen völlig neue Geschmackserlebnisse erzeugen.

Der bekannteste Koch der Molekularküche ist gegenwärtig Ferran Adrià. Auf einen Tisch in seinem Restaurant *El Bulli* an der Mittelmeerküste in Rosas zwischen Perpignan und Barcelona darf man bis zu einem Jahr warten. Dann aber kann man eines der bekanntesten Gerichte der Molekularküche probieren: Gemüsegelee mit Holzkohleöl. Es sieht aus wie moderne Kunst und schmeckt wie gegrilltes Gemüse vom Mittelmeer! Alternativ können Sie auch Bonbons aus Olivenöl oder »Kaviar« aus Melonen probieren. Explosive Geschmackserlebnisse, die eine Reise lohnen dürften! Machen Sie sich auf zwanzig oder gar dreißig kleinste Gänge gefasst!

Einmal im Leben: Absolute Top-Locations für Gourmets

Seit den sechziger Jahren wurde er mehr als vierzig Mal mit drei Michelin-Sternen ausgezeichnet. Der Begründer der *Nouvelle Cuisine* wurde zum »Koch des Jahrhunderts« gekürt. Ein Heer von Spitzenköchen ist bei ihm in die Lehre gegangen. Knapp vier Kilometer vom Zentrum Lyons entfernt liegt sein Reich: das *L'Auberge du Pont de Collonges*. Hier und in vier Lyoner Bistros weht der Geist einer legendären Küche, die Fans aus der ganzen Welt in Scharen anreisen lässt. Viele »ganz normale« Franzosen planen einen Abend bei Paul Bocuse wie eine Urlaubsreise und sparen über einige Zeit für das Erlebnis beispielsweise einer *soupe aux truffes* oder besser *Soupe V.G.E.* (benannt nach dem ehemaligen französischen Staatspräsidenten

Valery Giscard d'Estaing!) zu probieren. Auf dem Weg zum wirklichen Gourmet kommen Sie also um eine Reise nach Lyon nicht umhin! Sie werden kaum enttäuscht sein! (www.bocuse.fr)

Gut, es gibt noch eine besondere Alternative: Alain Ducasse! Der 1956 geborene Kochstar hat es als erster geschafft, drei Restaurants gleichzeitig zur Bewertung mit den drei Michelin-Sternen zu führen. Seine leichte Küche ist hoch differenziert und gilt als überaus kreativ. Mittlerweile betreibt er unter seinem Namen – mit bei ihm ausgebildeten Chefs – über zwanzig Restaurants und Bistros in der ganzen Welt. Er ist u.a. in New York, in Tokio, in der Provence und in Paris vertreten. Aus der Fülle der Locations sind besonders hervorzuheben: Restaurant *Alain Ducasse* im Hotel Plaza Athénée, Paris, *Jules Verne*, das Restaurant im Eifelturm, Paris, und *Louis XV* in Monaco (www.alain-ducasse.com).

Wenn das Gourmet-Fieber Sie gepackt hat, könnten Sie gleich in Paris bleiben: Bekannt geworden als das teuerste Restaurant der Welt mit Menus um 250 Euro (zuzüglich Getränken) bietet *La Tour d'Argent* für Kenner den »siebten Himmel«. Zentral in Paris gelegen, mit phantastischem Blick über die Seine zur Kathedrale Notre Dame vergisst man schnell die Investition und freut sich daran, dass man eine unvergessliche Erinnerung ins kulinarische Tagebuch schreiben kann. Die Enten-Spezialität hat schon John F. Kennedy gekostet (www.latourdargent.com).

Und nicht zu vergessen das *Grand Vefour*: Hier speisten schon Coco Chanel und Napoleon: Und der Name des Kochs hat mittlerweile auch schon VIP-Status: Guy Martin verführt seine Gäste. Und das opulente Ambiente lässt die gepfefferten Menupreise schnell vergessen.

Wie Gott in Deutschland

Auch in deutschen Landen hat die »große Küche« in den letzten zwanzig Jahren einen Quantensprung vollbracht. Während die deutschen Top-Restaurants noch vor nicht allzu langer Zeit von Frankreich aus müde belächelt wurden, setzen manchen Cuisiniers mittlerweile internationale Trends. Hier eine Auswahl:

◆ Restaurant *Dieter Müller* im Schlosshotel Lerbach bei Köln, Chefkoch: Nils Henkel. Dieter Müller hat die »Patronage« übernommen.

◆ Residenz *Heinz Winkler*, Aschau (Chef: Heinz Winkler)

◆ *Schwarzwaldstube* im Hotel Traube Tonbach, Baiersbronn (Chef: Harald Wohlfahrt)

◆ Restaurant *Bareiss*, Baiersbronn (Chef: Claus-Peter Lumpp)

Restaurant *Vendôme*, im Schlosshotel Bensberg, Bergisch Glasbach (Chef: Joachim Wissler)

Gordons Geheim-Tipps

◆ *De Karmeliet* in Brügge: Große Küche im »Venedig des Nordens«

◆ *De Bacon:* Mondänes Fischrestaurant auf dem Cap d'Antibes. Frische-Garantie.

◆ *Le Sud:* Diskretes Provence-Restaurant bei Le Lavandou. Zu den Stammgästen gehört Präsident Sarkozy.

◆ Restaurant *Château des Avenieres*, zwischen Genf und Annecy: Speisen mit Mont Blanc-Blick.

- Restaurant *Gut Lärchenhof*, Pulheim (bei Köln): Sympathische Gourmetoase mit schönem Blick auf Golfplatz, riesiges Weinsortiment.
- *Le Grand Vefour*, Paris: »Hideaway« historischer Persönlichkeiten an der Seine.
- *Le Petit Zinc*, Paris: Im Quartier St. Germain Meeresfrüchte im Jugendstil-Palais.
- Restaurant *Gualtiero Marchesi* im L'Albereta, Lombardei: Risotto mit Blattgold verziert!
- *Wolfgang's*, New York: Das beste Steak, das man sich denken kann.
- *Bistro Moderne* im City Club Hotel, französisches Bistro in New Yorker Bestlage. Pariser Küche.
- *Zur Traube*, Grevenbroich (Nähe Düsseldorf): Klassisch, nuanciert.
- *Rodeo Restaurant* im früheren Postfuhramt Berlins, Auguststraße 5a: Einmaliges Ambiente!

Der Gourmet-Einkauf

Super plus für den Gaumen

Kennen Sie das? Die Urlaubsreise steht bevor. Ihr Wagen muss eine besonders lange Strecke zurücklegen. Man will »ihm« (dem Wagen) was Gutes tun. Und tankt den extra teuren Sprit: Super plus oder Diesel ultra. Warum denkt man nicht auch mal so beim täglichen Einkauf der Lebens- und Genussmittel? Eine kleines bisschen mehr Geld für eine neue Welt der Nuancen. Sie wollen Zitronen mit dem »vollen« Geschmack? Sie suchen eine Mortadella, die diesen Namen verdient? Einen Wein, der dem Partner oder der Partnerin ein Lächeln auf die Lippen zaubert? Dann sollten Sie beim nächsten Einkauf den schnellsten Weg in ein ausgewiesenes Delikatessgeschäft führen.

Kaufen Sie gezielt und vielfältig. Lassen Sie sich zu Neuem verführen. Essen und trinken Sie nicht nur Liebgewonnenes, sondern wagen Sie auch Neues schätzen zu lernen. Wie wäre es mit dem Nussöl dort drüben zum frischen Feldsalat? Oder dem Bärlauchsenf? Probieren Sie auch mal den süßlichen verführerischen Dessertwein (zum Beispiel den *Montbazillac* aus dem Château Le Thibaut). Oder den Jahrgangs-Champager einer unbekannten Marke.

Pilgerstätten für den Gourmeteinkäufer in Deutschland

- In Berlin werden im *KaDeWe* auf siebentausend Quadratmetern über dreißigtausend verschiedene Delikatessen geboten. Pflichtprogramm für Genussreisende!
- In Köln sollte Sie der Weg zu *Hoss an der Oper* führen. Seit über hundert Jahren wird in diesem mittelständischen Geschäft Bestes geboten.
- In Frankfurt findet man vor allem in der *Kleinmarkthalle* in der Hasengasse täglich ein schönes Gourmetsortiment.
- Im Hamburger *Alsterhaus* findet man eine gesamte Etage mit Culinaria. Besonders: Caviar und Champagner-Bars. Und natürlich nicht zu

vergessen: der Hamburger *Isemarkt*. Etwas versteckt unter einer Hochbrücke der U-Bahn findet man eine geradezu unendliche Warenvielfalt – selbst gemachte Bonbons, feinste Bourbon-Vanille, frischer Seeteufel oder auch Krabben zum Selberpulen! Geöffnet an jedem Dienstag und Freitag.

- Auf dem wundervollen *Viktualienmarkt* in München bieten über einhundert Händler ein riesiges und vor allem frisches Programm an Delikatessen. Besonders imposant das Angebot an Wild und Geflügel, wie auch die Vielfalt exotischer Früchte.
- Das Münchner Delikatessenhaus *Dallmayr* bietet nicht nur Kaffee – wie man es durch die TV-Werbung glauben könnte: Hier gibt es von Hummer bis Trüffelöl alles, was das Feinschmeckerherz begehrt.
- *Feinkost Käfer* ist in München ein feststehender Begriff für erstklassige Delikatessen (mit hauseigenem Restaurant).

Delikatess-Adressen für die nächste Gourmetreise

- London: *Harrods Food Hall* bietet fast alles für verwöhnte Gaumen.
- Mailand: *Peck*. Seit über hundert Jahren erstklassige italienische Küche.
- New York: *Balducci's*. Eine Ostküsten-Feinkostkette mit sagenhafter Vielfalt und Qualität.
- *Zabar's*: Eng und überfüllt. Ein Klassiker am Broadway. Überwältigende Käsetheke.
- Paris: *Fauchon*. In Bestlage am Place de Madeleine steht das Stammhaus der Kette mit über zweihundertfünfzig Delikatess-Tempeln in der ganzen Welt. Ambitionierte Preise für Weltliga-Qualität.
- *La Grande Épicerie de Paris*. »Es gibt nichts Besseres als das Beste« lautet der Wahlspruch des Degustations-Tempels. Bestens ausgestattet. Rund zweitausend Weine zur Wahl.
- Rom: *Castroni*. Klassiker seit Anfang des letzten Jahrhunderts mit internationalem Sortiment.
- *Franchi*. Mittelständisches Fachgeschäft. Spezialisiert auf italienische Feinkost.

• Wien: In Wien ist der Weg zu *Julius Meinl* eine Pflicht für jeden, der das Besondere auf dem Teller oder im Glas liebt. Hier bleibt bei einer Auswahl von über fünfzehntausend Produkten so gut wie kein Wunsch mehr offen – auch nicht für den versierten Gourmet!

Gourmetversender (Auswahl)

www.bosfood.de
(mehr als sechstausend Produkte)
www.caviarhouse-prunier.de
(Kaviar, Lachs etc.)
www.dallmayer-versande.de
(Schwerpunkt Wein und Spirituosen)
www.gaumenfreuden24.de
(u.a. auch Molekularküche)
www.gourmantis.de
(Spezielles von Algen bis Trüffel)
www.gourmet-art.de
(Delikatessen aus Frankreich und Italien)
www.gourmet-versand.com
(riesiges Produktangebot)

www.gourmond.de
(großes Speise- und Getränkeprogramm)
www.madame-gourmet.de
(französische Spezialitäten)
www.vincent-becker.de
(Delikatessen und Accesoires)

Wie finde ich mein Gourmetrestaurant in der Nähe?

Für den suchenden Gourmet gibt es verschiedene Nachschlagewerke, um ein besonderes Restaurant zu finden.

Guide Michelin

Der *Guide Michelin* ist ein Hotel- und Restaurantführer mit detaillierter Beschreibung der jeweiligen Lokalität. Dort findet man nicht nur die Kontaktdaten des Restaurants, sondern auch eine Beurteilung der Küchenleistungen. Besonders gute Restaurants werden mit dem Michelin-Stern ausgezeichnet. Dabei kennzeichnet ein Stern eine »sehr gute Küche, welche die Beachtung des Lesers verdient«. Zwei Sterne stehen für eine »hervorragende Küche«, die einen Umweg verdient hat. Drei Sterne loben eine »der besten Küchen«, die »eine Reise wert« seien. Den Guide Michelin gibt es für verschiedene Länder. Besonders umfangreich ist die Version des Herkunftslandes Frankreich. www.viamichelin.de (mit praktischem Restaurant-Suchprogramm)

Gault-Millau

Henri Gault und Christian Millau begründeten den Restaurantführer *Gault Millau.* Die Kommentare in diesem hoch angesehenen Restaurantführer sind umfangreicher und oft auch von größerer Direktheit als im Guide Michelin. Die begehrten Hauben, die das Redaktionsteam vergibt, helfen mit recht großer Sicherheit, die Spreu vom Weizen zwischen den nur ambitionierten und den erstklassigen Restaurants zu trennen. Die höchste Auszeichnung (vier Hauben) wird nur in seltenen Fällen vergeben. www.gaultmillau.de

Schlemmer-Atlas

Rund 3200 Restaurants in Deutschland und den Nachbarländern umfasst der *Schlemmer-Atlas*. Die Restaurantkritiker vergeben dort den »Kochlöffel«. Einer steht für »ambitionierte Küche«, fünf Kochlöffel erhalten die Restaurants mit hervorragender Küche. Aufstrebende Küchen werden mit einem aufrecht weisenden Pfeil neben dem Kochlöffel markiert. www.schlemmer-atlas.de

Relais & Châteaux

Im »Relais & Châteaux« Nachlagewerk sind fünfhundert Luxushotels und Luxusrestaurants aus fünfzig Ländern vereint: Die individuell betriebenen Häuser müssen über eine einzigartige Atmosphäre verfügen, die sie beispielsweise von Kettenhotels oder Restaurants unterscheidet. Der Wahlspruch, der die Spitzenlocations vereint, sind die fünf »C«: *Caractère, Courtoisie, Calme, Charme* und *Cuisine* (Charakter, Freundlichkeit, Ruhe, Charme und Küche). Meist handelt es sich um Adressen in historischen Land- oder Stadthäusern, Schlössern oder Burgen. www.relaischateaux.com

Weitere Restaurantführer mit Bewertung

- *Varta-Guide* (www.varta-guide.de)
- *A la Carte*, Webseite des Magazins mit Suchprogramm (www.alacarte.de)
- *Der Feinschmecker* (www.der-feinschmecker-club.de)
- *Marcellino's* (www.marcellinos.de) Beliebte Restaurants, von Gästen bewertet.
- *Tripadvisor* mit Restaurant- und Hotelbewertung der Gäste. Oft Fotos (www.tripadvisor.de)
- Komplette Auflistung mit Rang von Restaurants in Deutschland, Österreich und Frankreich: www.restaurant-hitlisten.de

Nachrichten für Geniesser

- www.feinschmeckerblog.de (Gastrokritiken aus Deutschland)
- www.restaurant-kritik.de (Berichte über kulinarische Erlebnisse in Deutschland)

Weiterführende Literatur

Hannes Bertschi/Marcus Reckewitz: Von Absinth bis Zabaione (2004).

Florian Fischer-Fabian/Thomas Fischer-Fabian: Die Gourmet-Fibel (2008).

Lorenza de Medici, The Heritage of Italian Cooking (1990).

Klaus E. Müller: Kleine Geschichte des Essens und Trinkens (2003).

Udo Pini: Das Gourmet Handbuch (2005)

Marcus Reckewitz/Hannes Bertschi: Safran, Sushi und Prosecco (2007)

Thomas Stevenson: Champagner (1986).

Cornelia Teufl: Die kleine Teeschule (1996).

Thomas A. Vilgis: Molekularküche – Geschmack, Aromen, Flavour (2008).

Internetportale für Gourmetliteratur, Kochbücher und Rezepte

www.brigitte.de/kochen/rezepte/

www.buchgourmet.com

www.chefkoch.de

www.daskochrezept.de
www.kochmix.de
www.rezeptewiki.org

Zeitschriften

A la Carte. Magazin für Genuss und Lebensart
Beef! Magazin für Männer mit Geschmack
Elle A Table. Hochwertiges Gourmetmagazin, das auch Rezepte beinhaltet
Essen + Trinken. Klassiker der Koch- und Gourmetzeitschriften
Der Feinschmecker. Gehobenes Feinschmeckermagazin
Gault Millau. Hochwertiges Magazin für Genießer
Gusto. Österreichisches Kochjournal mit Rezepten und Küchentipps
Savoir Vivre. Gourmetmagazin mit Reportagen aus dem In- und Ausland
Vinum. Europäisches Weinmagazin

Glossar: Die allerwichtigsten Begriffe der großen Küche

Amuse bouche oder *Amuse gueule*: Kostenloser Appetithappen vor dem eigentlichen Menu
Amuse bouche Menue: Speisenfolge aus zahlreichen sehr kleinen Einzelportionen
Antipasti: Vorspeisen italienischer Art
Aperitif: Getränk vor der Mahlzeit
À point: Auf den Punkt gegart (bei Fleisch »rosa«)
Baiser: Meist recht süßes Eiweißgebäck
Bisque: Suppe von Krustentieren, in der Regel vom Hummer
Bouillabaisse: Aufwändig zubereitete, französische Fischsuppe
Bries: Spezieller Teil des Kalbs- oder Lammhirns

Carpaccio: Sehr dünne Scheiben vom rohen Rinderfilet

Confit: Eingemachtes, zum Beispiel von der Ente (*confit de canard*)

Consommé: Rinder-Kraftbrühe

Couvert: Gedeck bzw. Gebühr für das Gedeck (nur in Frankreich)

Crème brulée: Spezielle Creme mit knuspriger Karamellkruste

Crème fraiche: Französischer Rahm (Sahne) mit hohem Fettgehalt (ca. 30 bis 40 Prozent), vor allem für Saucen

Crêpes Suzette: Flambierte, dünne Pfannküchlein (Crêpes) mit Orangen

Cross-Over-Küche: Zusammenspiel unterschiedlicher kulinarischer Stilrichtungen (beispielsweise Frankreich mit pazifischen Einflüssen)

Croutons: In Butter gebackene Weißbrotschnitten, meist für Suppen oder Salate verwendet

Degustations-Menu: Umfangreiches Menu in mehreren, kleinen Gängen (meist sechs bis neun)

Digestif: Hochprozentiger Abschluss eines Menus, umgangssprachlich »Absacker«

Entrée: Vorspeise
Essenz: Feine, intensive Suppe aus Fleisch, Gemüse oder Fisch
Farce: Füllung
Fines Herbes: Feine Kräutermischung
Flambieren: »Abbrennen« eines mit hochprozentigen Spirituosen übergossenen Gerichts (gerne bei Desserts)
Foie Gras: Stopfleber von Ente oder Gans
Fond: Gemüse-, Fisch-, oder Fleischssud
Fricassée: Ragout von Kalb, Lamm oder Geflügel
Gambas: Riesengarnelen
Gazpacho: Gemüsesuppe (kalt) mit Knoblauch
Gratinieren: Ein Gericht vor dem Servieren kurz im Rohr überbacken
Hors d'oeuvres: Französisch für kalte Vorspeisen
Jus: Brauner Fond, Sauce
Langustinos/Langoustines: Immer häufiger werden Riesengarnelen serviert, ursprüglich der ähnlich aussehende Kaisergranat
Millefeuille: Blätterteigschichtung mit Füllung (zum Beispiel Gänseleber)
Minestrone: Italienische Gemüsesuppe

Mise en place: Vorbereitung aller einzelnen Zutaten, um den Kochvorgang so zeit- und raumsparend wie möglich zu gestalten
Morcheln: Sehr teure Pilze (frisch oder trocken ein Genuss)
Mousse: Meist *mousse au chocalat*, cremig-schaumige Masse aus Schokolade und Sahne
Nouvelle Cuisine: »Neue Küche« Frankreichs aus leichten Produkten und mit (meist) recht überschaubaren Portionen; wichtiger Vertreter: Paul Bocuse
Osteria: Italienischer Gasthof, regionale Küche und Weine
Panna Cotta: Dessert aus Italien mit viel Sahne und Vanille
Parfait: Eigentlich eine gefrorene Masse mit viel Sahne, wird aber auch zur Beschreibung von cremigen, halbfesten Zubereitungen, zum Beispiel von Geflügelleber genutzt
Pastis: Aperitif aus Frankreich
Paté: Terrine, Pastete
Patissier: Auch *Chef Patissier*, spezieller Koch für Süßspeisen und Desserts

Petits fours: Kleine Küchlein, die als Dessert gereicht werden
Plat du jour: Tagesgericht, meist zu empfehlen, da besonders frisch
Pochiert: vor allem bei Fischgerichten schonende Garung in heißem, aber nicht kochendem Wasser
Polenta: Maisbrei
Pot au feu: Eintopf aus Fleischzutaten
Ragout fin: Fleischragout, ursprünglich aus Kalbfleisch
Ratatouille: Südfranzösisches Gemüsegericht mit Auberginen und Olivenöl
Reduktion: Fond und Wein werden bis jener sämigen Konsistenz eingekocht, die dann die Grundlage für eine optimale Sauce ergibt.
Risotto: Aufwändiges Reisgericht; sollte nicht zu flüssig und nicht zu weich sein
Rotisserie: Französisch für Grillrestaurant
Sautieren: Fisch- oder Fleischwürfel kurz anbraten
Sommelier: Spezieller Weinkellner
Sorbet: Gefrorenes aus pürierten Früchten oder auch aus Gemüsen (zum Beispiel als Zwischengang zur Mitte des Menus)

Soufflé: Aufwändige Dessertzubereitung
Supreme: Brust oder Filet vom Geflügel (meist vom Huhn)
Tatar: Gehacktes, rohes Rindfleisch
Terrine: Suppenschüssel *oder* Pastete
Trattoria: Italienischer Gasthof (vgl. auch Osteria)
Überraschungs-Menu: Der Koch zeigt hier oft sein ganzes Können. Achtung: Vorher sagen, was man keinesfalls essen möchte
Velouté: Sauce mit reichlich Sahneanteil
Vitello tonnato: Dünnes Kalbfleisch mit cremiger Thunfischsauce
Volaille: Geflügel
Zabaione (auch *Zabaglione*): Italienischer Weinschaum, luftig aufgeschlagen

Der Autor

Dr. Gordon Lueckel

Geboren 1964 in New York. Liebt die »große Küche«, aber auch den deftigen Eintopf. Der studierte Volkswirt arbeitet als PR-Unternehmer und Autor, lebt bei Köln und an der belgischen Grenze. Seit seiner Studienzeit hat er sich mit seiner Ehefrau systematisch die *Haute Cuisine* erobert und auf vier Kontinenten viele unvergessliche kulinarische Momente erlebt. Sie möchten Kontakt aufnehmen? Gerne! info@yupik.de

An die Kindernothilfe e.V. und die Kölner Tafel e.V. werden insgesamt 10 Prozent des Autorenhonorars gespendet.

ISBN 978-3-85179-105-1

Covergestaltung: Christina Krutz, Riedstadt
Layout und Satz:
Christine Paxmann text • konzept • grafik, München
Druck und Bindung: Grasl Druck & Neue Medien, Bad Vöslau

www.thiele-verlag.com